AF465637

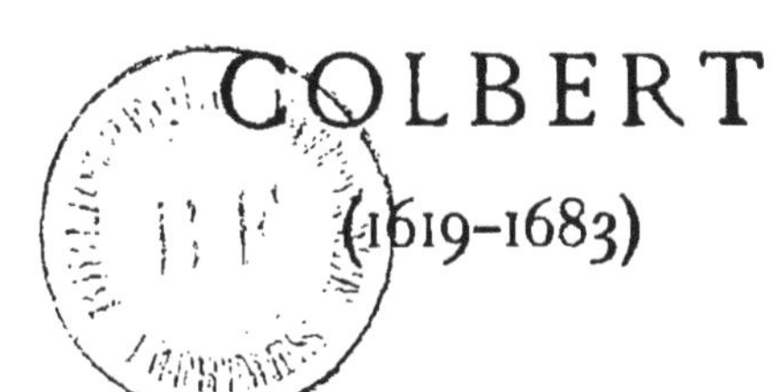

COLBERT

(1619-1683)

Ln 27 / 35722

COLBERT

…ix fort : Quarante centimes …
…ix forte : Soixante centimes Imitation …

COLLECTION PICARD

BIBLIOTHÈQUE D'ÉDUCATION NATIONALE

LES GRANDS FRANÇAIS

COLBERT

PAR

AM. GASQUET

ANCIEN ÉLÈVE DE L'ÉCOLE NORMALE SUPÉRIEURE
DOCTEUR ÈS LETTRES
PROFESSEUR D'HISTOIRE A LA FACULTÉ DES LETTRES
DE CLERMONT

AVEC PORTRAITS ET GRAVURES DANS LE TEXTE

PARIS
LIBRAIRIE PICARD-BERNHEIM & Cie
11, rue Soufflot, 11

Tous droits réservés.

Ln27 35722

COLLECTION PICARD

BIBLIOTHÈQUE D'ÉDUCATION NATIONALE

LES GRANDS FRANÇAIS

COLBERT

PAR

AM. GASQUET

ANCIEN ÉLÈVE DE L'ÉCOLE NORMALE SUPÉRIEURE
DOCTEUR ÈS LETTRES
PROFESSEUR D'HISTOIRE A LA FACULTÉ DES LETTRES
DE CLERMONT

AVEC PORTRAITS ET GRAVURES DANS LE TEXTE

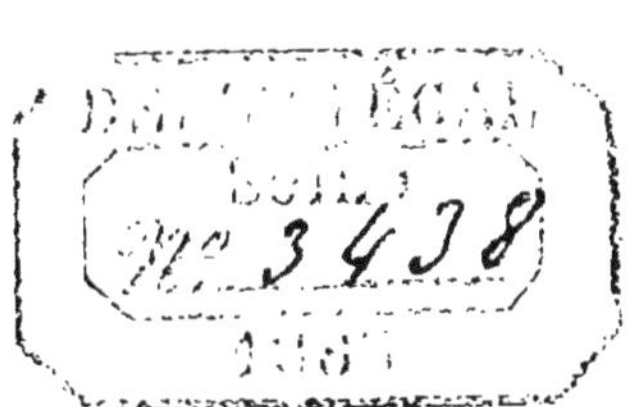

PARIS
LIBRAIRIE PICARD-BERNHEIM & Cie
11, rue Soufflot, 11

Tous droits réservés.

Tout exemplaire non revêtu de notre signature sera réputé contrefait.

Picard-Bernheim & Cie

COLBERT

(1619-1683)

I

INTRODUCTION

On a dit quelquefois que les grands rois faisaient les grands ministres ; il est arrivé bien plus souvent que les grands ministres ont fait les grands rois. Quelle place aurait tenu dans notre histoire de France le roi Louis XIII, s'il n'avait trouvé pour le servir le cardinal de Richelieu, qui lui imposa ses volontés, le domina par son génie et lui fit entreprendre les grandes choses qui ont illustré sa mémoire ? Il en fut de même de Louis XIV. Il n'est pas de prince que les contemporains aient encensé de tant de louanges, aient comblé de tant de flatteries. Les peintres le représentaient dans leurs tableaux avec les attributs de

CONDÉ (Louis II de Bourbon, prince de) surnommé *le grand Condé*. — Illustre capitaine, né à Paris, le 8 septembre 1621, mort à Fontainebleau, le 8 décembre 1686.

la divinité, les poètes le célébraient dans leurs vers, les prédicateurs du haut de la chaire ne lui ménageaient aucune sorte d'adulation et lui faisaient croire que Dieu lui-même inspirait ses résolutions et parlait par sa bouche. Il en était venu à se persuader qu'il ne ressemblait pas aux autres hommes, que Dieu l'avait pétri d'une argile supérieure au reste de l'humanité ; que ses généraux gagnaient des batailles, que ses ministres prenaient des décisions habiles, parce que les uns et les autres se laissaient guider par ses conseils, qu'il était tout dans la nation, et que

TURENNE (Henri de la Tour d'Auvergne, vicomte de). — Grand homme de guerre, né à Sedan, le 11 septembre 1611, tué d'un boulet de canon, à Salzbach, le 27 juillet 1675.

la nation ne faisait qu'un avec lui. Et cependant son règne ne fut glorieux que tant qu'il eut à son service des hommes de guerre comme Turenne et Condé, des négociateurs comme Servien et de Lyonne, des administrateurs comme Louvois et Colbert.

Lorsque ces hommes furent morts, et qu'il n'eut plus à ses ordres et à son service que des serviteurs médiocres ou de plats courtisans, quand il se trouva réduit à ses propres forces et à ses seules lumières, il accumula fautes sur fautes; il se laissa entraîner par son ambition, par sa prodigalité, par sa passion de grandeur qui le portait à braver toutes les nations de l'Europe. Il éprouva des défaites sanglantes, il épuisa ses peuples d'hommes et d'argent, et il laissa la France plus pauvre qu'il ne l'avait reçue des rois ses prédécesseurs.

Ce long règne, qui dura soixante-douze ans, commencé avec les promesses les plus heureuses et les plus brillantes, se termina au milieu de lamentables revers causés par le despotisme d'un prince qui, sans être méchant, fit plus de mal à son pays que les plus mauvais rois. On a pu, non sans raison, diviser ce règne en deux parties; avant et après la mort de Colbert. C'est de Colbert, en effet, que vint la prospérité des vingt-cinq premières années de Louis XIV; quand il disparut, il sembla qu'il eût emporté avec lui la grandeur et la gloire de son roi.

II

JEUNESSE DE COLBERT. — SES DÉBUTS

Colbert était né à Reims, d'une famille de marchands drapiers. Il ne semblait pas, par sa naissance, destiné à gouverner un jour la France. On a dit que plus tard il avait rougi de son humble origine et du métier honorable qu'exerçaient ses parents, et qu'il prétendit descendre d'un chevalier écossais, nommé Kolbert, chassé de son pays par les guerres civiles et qui avait émigré en France. Ces faiblesses d'esprit ne sont pas rares chez les plus grands hommes, qui pensent être plus honorés par des aïeux illustres que par leurs propres mérites. Il nous est pourtant difficile d'ajouter foi à ces propos. Car, dans les conseils qu'il écrivit pour l'instruction de son fils, Colbert lui rappelle son humble naissance, ces bourgeois drapiers dont il est issu, et lui montre que c'est seulement par les efforts extraordinaires de son travail, qu'il a pu s'élever à la haute situation qu'il occupe. Il apprit tout jeune le commerce à Lyon et à Paris ; puis il entra dans la maison

MAZARIN (Jules). — Né à Rome, le 14 juillet 1602, mort à Vincennes, le 9 mars 1661.

du ministre Le Tellier, qui le céda au cardinal Mazarin.

Cet Italien gouvernait réellement la France depuis près de vingt ans, comme s'il était né sur le trône. On ne sait si l'on doit plus l'admirer que le détester. Si par ses talents de diplomate il agrandit la France de plusieurs provinces, il lui fit payer bien cher ses services. Il était arrivé chez nous sans sou ni maille ; à sa mort, il laissa une fortune de cinquante millions, qui en vaudraient dix fois autant aujourd'hui. Il ne distinguait pas entre son trésor particulier et celui de l'État. Cette fortune mal acquise, Colbert l'administra avec une probité et une intelligence que le vieux cardinal appréciait fort. Car si Mazarin volait l'État, il n'aimait pas être volé. Aussi, quand il mourut et qu'il lui fallut, bien à contre-cœur, dire adieu à ses châteaux, à ses terres, à ses coffres gorgés d'or, à ses beaux tableaux, aux objets d'art qu'il collectionnait avec passion, il n'oublia pas Colbert. Il dit au roi : « Sire, je vous dois tout, mais je crois m'acquitter envers vous en vous laissant Colbert. » Colbert était en effet le don le plus précieux qu'il pût offrir à Louis XIV.

Ce n'est pas que le nouveau ministre fût un homme d'un extérieur aimable. Il ne payait pas de mine, et ses contemporains en ont tracé des portraits peu flattés. Son visage était dur ; ses yeux étaient cachés sous des sourcils épais, noirs, en broussailles. Il rebutait les solliciteurs par l'air glacial dont il les recevait ; Madame de Sévigné, la femme la plus spirituelle de son temps, l'appelait le Nord. Mais cet homme sévère et impitoyable, s'il était dur pour les autres, ne se ménageait pas lui-même. Jamais on ne vit ministre plus assidu et travailleur plus infatigable. Pendant vingt-cinq ans, il travailla seize heures par jour. En été comme en hiver, on le trouvait à sept heures du matin à ses bureaux, déjà occupé aux affaires. En arrivant, il se frottait les mains avec joie comme quelqu'un qui entreprend une besogne qui lui est chère. Il disait lui-même qu'il n'avait jamais connu d'autre repos que celui de changer de travail. Un tel homme, exact, austère, minutieux, capable de concevoir les plus vastes desseins et de descendre dans les plus petits détails, pouvait seul suffire à l'incroyable tâche qu'il soutint jusqu'au bout, sans faiblir. Il fut à la fois ministre des finances, du commerce, de l'industrie, des travaux publics, de la marine, des colonies, de l'instruction publique. Sauf la guerre et les affaires diplomatiques, il n'est aucune partie de l'administration à laquelle il n'ait touchée et qu'il n'ait transformée par son génie vigoureux et patient.

On ne s'étonnerait pas aujourd'hui qu'un homme de naissance aussi modeste que Colbert, arrivât aux premiers emplois dans l'État. La Révolution a égalisé les conditions et permis aux plus heureux et aux plus pauvres, s'ils sont de grands hommes, de prétendre à gouverner l'État. La chose autrefois ne paraissait pas si naturelle. Il semblait que la place de commis convînt seule à des fils de bourgeois, et que celle de ministre dût être réservée aux descendants des familles aristocratiques du royaume? Il est juste de dire que Louis XIV ne donna jamais dans ce travers. Il ne voulait pas dans son conseil de nobles ni d'ecclésiastiques; les premiers parce que appartenant à des familles influentes, puissantes par leur fortune, par leurs alliances, il ne pouvait ni les réprimander, ni les congédier à son gré; les prêtres, parce que le prestige de la religion, dont ils étaient les ministres, le gênait et lui enlevait à leur égard toute liberté. Il préférait, donc s'entourer de conseillers de petite naissance, qui lui devaient toute leur illustration qui n'étaient rien dans l'État sans la main royale qui les soutenait, qu'il pouvait enfin, s'ils venaient à déplaire, replonger dans leur néant, renvoyer à leurs comptoirs de commerçants ou à leurs sièges de juges, sans que la France s'émût, sans que les nobles prissent les armes, sans qu'une rebellion agitât le royaume.

Dès le commencement de son règne il avait déclaré qu'il ne voulait pas de premier ministre. Avant lui, Sully avait été associé à la gloire de Henri IV; Richelie et Mazarin avaient gouverné réellement le royaume et complètement éclipsé le nom et la réputation de Lo is XIII et de la régente, Anne d'A triche. Louis XIV ne voulait pas qu'un autre que lui pût prétendre à ce mérite et à cette gloire. Il voulait briller seul d'un éclat q i ne fût offusqué par le voisinage d'aucun ministre grand seigneur. Il était jaloux à l'excès de toute puissance qui ne venait pas de lui. Il craignait avant toute chose et jusqu'à l'ostentation de paraître gouverné et dirigé. Il voulait tout voir, tout connaître, tout contrôler, tout contresigner. Fort laborieux, pendant les cinquante-quatre années que d ra son règne personnel, il consacra de six à huit

LOUIS XIV, que l'on a appelé *Louis le Grand*, fils de Louis XIII et d'Anne d'Autriche, naquit à Saint-Germain-en-Laye, le 5 septembre 1638, et mourut à Versailles, le 1er septembre 1715, à 77 ans moins 4 jours. Il avait régné 72 ans.

heures aux affaires chaque jour. Les ministres

connaissaient la manie du maître, et aussi la capacité de son esprit, plus occupé du détail que des grandes vues d'ensemble. Selon l'expression d'un de ses biographes « ils le noyèrent dans la minutie, dans le petit et se réservèrent le vaste, le grand, le réel. »

Du reste, jamais monarque, plus soucieux de n'être pas gouverné, ne le fut davantage. Colbert exerça d'abord sur son esprit l'influence la plus heureuse, influence qui ne fut tournée qu'au bien du pays; puis Louvois l'emporta, qui lui donna le goût des guerres impolitiques et des constructions gigantesques. Dans la dernière partie de sa vie, Mme de Maintenon l'occupa tout entier et déploya toute la fécondité de ressources d'un esprit passé maître en savantes intrigues, pour tout conduire sans avoir l'air de s'intéresser à rien.

Au moment où Colbert fut appelé dans les conseils du roi, les finances de l'État étaient administrées par Fouquet, qui espérait bien, sous le nouveau règne, succéder au pouvoir du cardinal Mazarin. Ce Fouquet s'était prodigieusement enrichi aux dépens du peuple; il était le plus impudent de ces financiers qui volaient l'Etat et le prince, et qui prêtaient à gros intérêts au roi l'argent qu'ils avaient pris dans ses coffres. Sa scandaleuse fortune, dont il usait avec faste, lui avait fait de nombreux amis. Il avait, comme un souverain, sa cour, ses poètes,

POQUELIN (Jean-Baptiste), connu sous le nom de MOLIÈRE, est né à Paris en 1622. Dans ses comédies, il se donna pour tâche de railler les vices. Il mourut en 1673 en jouant le *Malade imaginaire*.

ses peintres, ses artistes, et comme il était homme de goût, il les choisissait bien et les payait encore mieux. Molière, La Fontaine étaient de ses clients. Presque tous les grands seigneurs comptaient parmi ses obligés, il payait

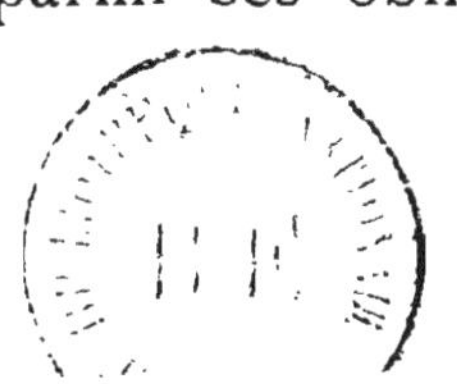

les dettes de celui-ci, gagnait les bonnes grâces de celui-là par un présent magnifique. Les serviteurs les plus intimes du roi recevaient de lui des pensions ; aussi pensait-il que son crédit était si fort que rien ne pouvait l'ébranler. Du reste, il avait prévu le cas où il viendrait à perdre la faveur royale. Il avait acheté Belle-Isle-en-Mer, sur les côtes de Bretagne. Il l'avait hérissée de fortifications, garnie de canons ; une véritable flottille mouillait dans son port. C'était là qu'il songeait à se réfugier, si la fortune lui devenait contraire. Il pourrait en sécurité y braver les armées royales, et, grâce à ses trésors, aux créatures dont il disposait, exciter en France la guerre civile. Ce trop puissant sujet inquiétait l'orgueil de Louis XIV qui s'était promis de le perdre. Colbert lui avait ouvert les yeux sur le pillage des finances ; tous les jours il travaillait avec le roi, et relevait, dans les pièces et les états fournis par Fouquet, les erreurs volontaires, les faux, les altérations d'écritures, qui prouvaient avec la dernière évidence les voleries de son ministre. La vanité de Fouquet précipita sa chute. Il eut l'impudence d'inviter le roi à une fête qu'il donnait à son château de Vaux. Ce château était une merveille digne d'un conte de féerie. Les jardins descendaient jusqu'à la Seine; ils avaient été dessinés par Le Nôtre; et, pour les étendre, Fouquet avait acheté et fait raser trois villages. Les eaux amenées à grands frais jaillissaient en gerbes étincelantes dans des vasques de marbre multipliées à profusion. Des groupes de statues représentant des nymphes et d'autres divinités mythologiques, peuplaient ce séjour enchanteur et égayaient la verdure des bosquets. En l'honneur du roi un splendide banquet fut donné qui réunit six mille convives. Des divertissements succédèrent aux repas, dignes d'un monarque d'Orient. Molière joua une de ses pièces. Une comédienne de sa troupe sortit, comme une déesse de la mer, de la conque d'un coquillage gigantesque et débita au prince un compliment de bienvenue. Tant de faste et de magnificence, loin d'éblouir Louis XIV, l'indigna comme un affront. Il se demanda qui était le roi, de lui-même ou de Fouquet, et s'il devait souffrir dans son royaume un sujet si riche, si superbe et si puissant; il se rappela les rapports de Colbert, le pillage de ses sujets qui alimentait ce luxe, et il résolut de perdre Fouquet. Il le fit arrêter quelques jours après pendant un voyage qu'il fit en Bretagne. Des magistrats furent désignés par lui parmi les

Madame de Sévigné (d'après le portrait du Musée de Versailles).

MADAME DE SÉVIGNÉ, célèbre écrivain français, née à Paris en 1626, mourut en 1696. Ses *Lettres* la placent au nombre des meilleurs écrivains du XVIIe siècle.

ennemis du financier pour instruire son procès. Fouquet, malgré le zèle et les prières de ses nombreux amis, malgré les larmes du bon La Fontaine, et les démarches de la marquise de Sévigné, qui remua ciel et terre, fut condamné et enfermé pendant tout le reste de sa vie dans une forteresse perdue au milieu des neiges des Alpes. Juste expiation de ses rapines et de ses concussions. Ceux qu'il avait comblés de ses bienfaits en gémirent ; mais le peuple, tous les pauvres gens qu'il avait accablés d'impôts pour payer ses plaisirs, applaudirent à cet acte vigoureux de justice, que Colbert avait inspiré.

III

COLBERT MINISTRE

A ce ministre malhonnête succéda, à la tête de l'administration des finances, le ministre le plus rigide et le plus intègre. Avec Colbert, l'ordre, l'économie remplacèrent le gaspillage et la fraude. Il dirigea les affaires de la France, comme un bon commerçant conduit les opérations de sa maison. Il voulait le bien avec âpreté et même avec violence. Il ne recula jamais devant des mesures de rigueur qui arrêteraient aujourd'hui tout gouvernement. Le despotisme mettait entre ses mains des armes redoutables dont il usa sans ménagement. Il admirait beaucoup le cardinal de Richelieu, le ministre du roi Louis XIII qui n'avait pas hésité, pour assurer le salut de l'État menacé à la fois par les factions et par les armées de l'Europe, à faire tomber sous la hache du bourreau les têtes les plus illustres. Il rappelait à tout propos son nom et son exemple ; si bien que, dans le conseil des ministres, quand il devait prendre la parole, le roi s'écriait en riant : « Vous allez voir que M. Colbert va commencer. « Ce grand cardinal de Richelieu..... » Et il n'y manquait pas, en effet.

La condamnation de Fouquet avait imprimé une salutaire terreur à cette nuée de financiers et de traitants qui vivaient aux dépens du Trésor public. L'exemple pendant longtemps était venu de haut ; en voyant voler les chefs de l'État, on s'imagine bien que les subalternes ne se faisaient pas faute de les imiter. Les petits se règlent d'ordinaire sur les grands et s'habituent bien vite à copier leurs vices. Dans l'ancienne monarchie on ne s'en inquiétait guère. On laissait ces pillards se remplir comme des éponges qu'on pressait ensuite pour leur faire rendre tout le suc qu'ils avaient absorbé. Richelieu les comparait encore à des sangsues qu'on laisse tout à leur aise se gonfler du sang qu'elles pompent ; un grain de sel suffit pour les faire dégorger. L'État trouvait son compte à ce manège ; il rentrait dans une partie des profits, Mais le peuple n'en était pas moins volé ; ce sang dont s'engraissaient les sangsues de finance était le sien. L'État ne faisait que voler à son tour le voleur, mais il ne rendait rien aux malheureux qui avaient été dépouillés. Colbert commença par prendre les mesures dont avaient usé ses devanciers. Il créa une *chambre de justice*, c'est-à-dire un tribunal, devant lequel durent comparaître les traitants. Quelques-uns, les plus coupables, furent pendus, d'autres jetés en prison, tous durent restituer. Ils rendirent cent onze millions, ce qui laisse supposer qu'ils en avaient volé bien davantage.

Avant la Révolution les roturiers seuls, c'est-à-dire le peuple, payaient l'impôt pour leurs terres; les nobles en étaient exempts. Aussi beaucoup de bourgeois imitaient ce monsieur Arnolphe de la comédie, qui entourait sa terre d'un fossé rempli d'eau et se faisait pompeusement appeler M. de l'Ile. Quelques-uns agissaient ainsi par vanité, mais le plus grand nombre par intérêt, pour se soustraire à des charges, que supportaient les plus pauvres. Colbert joua à tous ces faux nobles le tour de leur demander leurs titres et leurs parchemins. Il s'en trouva

Noble. Membre du clergé. Membre du tiers état. Roturier.

quarante mille, dont les ancêtres avaient « aulné » de la toile ou servi la pratique derrière un comptoir, qui ne purent rien montrer que leur sottise. On les renvoya bourgeois comme devant. Ils durent payer l'impôt comme leurs pères, et la part des pauvres fut diminuée d'autant.

Colbert n'était pas un cœur dur; il était

vivement touché par la misère du peuple, qui souvent était obligé pour se nourrir, quand la récolte avait manqué, de manger du pain d'avoine ou de son, et de dévorer l'écorce des arbres. Il diminua la *taille* qui était l'impôt payé par ceux qui cultivaient la terre; et au contraire il augmenta les *aides*. C'étaient des droits prélevés sur les boissons et les denrées. Or, tout le monde mange et boit, et les riches plus que les pauvres. Il défendit aux agents du Trésor de vendre la charrue et les instruments de labourage des cultivateurs qui ne pouvaient pas acquitter leurs impositions. Car, si on leur prenait leurs outils de travail, comment l'année suivante seraient-ils en mesure de retourner leur champ, d'ensemencer et de récolter? Il ne leur resterait plus qu'à mendier leur pain dans les villes, ou à détrousser les passants sur les grands chemins. Le gouvernement avait donc tout à perdre à être trop exigeant et à tondre de trop près les malheureux paysans.

Mais ce qui coûta le plus à Colbert, ce fut d'arrêter les folles dépenses du roi, qui prodiguait l'argent en magnifiques bâtiments comme Versailles et Marly, qui aimait la guerre, les revues de gala, les fêtes somptueuses. Il gaspillait quelquefois en un jour ce que son ministre avait eu beaucoup de peine à économiser en un mois, et qu'il destinait à des travaux nécessaires.

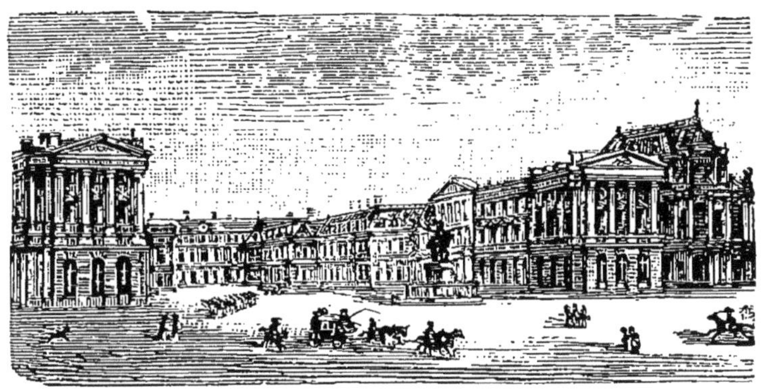

Château de Versailles.

Colbert lui disait un jour : « Un repas inutile de mille écus me fait une peine incroyable; et lorsqu'il est question de millions d'or pour la Pologne, je vendrais tout mon bien, j'engagerais ma femme et mes enfants et j'irais toute ma vie à pied pour y fournir, si c'était nécessaire. » Ces remontrances revenaient fréquemment dans les entretiens de Louis XIV et de son ministre.

Il blâmait également la facilité des emprunts, qui permettaient au roi des prodigalités auxquelles il se plaisait, mais qui devaient grever si lourdement l'avenir de la monarchie. Il prétendait qu'on ouvrait ainsi un gouffre au fond duquel la France trouverait la ruine et la banqueroute. Il ne put cependant, à la fin de la guerre de Hollande, et malgré la plus vive opposition, empêcher le conseil d'avoir recours à ce moyen commode de se procurer des ressources. Au sortir du conseil où cette funeste mesure avait été décidée, il prit à part l'un des conseillers du prince : « Vous triomphez, lui dit-il, vous pensez avoir fait l'action d'un homme de bien. Eh ! ne savais-je pas comme vous que le roi trouverait de l'argent à emprunter ; mais je me gardais avec soin de le dire. Voilà donc la voie des emprunts ouverte. Quel moyen restera-t-il désormais d'arrêter le roi dans ses dépenses ? Après les emprunts, il faudra des impôts pour les payer, et si les emprunts n'ont point de bornes, les impôts n'en auront pas davantage. » Le roi finit par se lasser de ces observations incessantes, et par trouver le contrôle de Colbert incommode et désagréable. Il oubliait la misère de ses premières années et croyait que les ressources de la France seraient inépuisables. Colbert mourut à temps pour n'être pas congédié ; et après lui le roi s'aperçut, qu'à force d'y puiser, le trésor le plus riche est bientôt à sec.

IV

CRÉATION DE LA GRANDE INDUSTRIE

Ce n'est pas tout que d'économiser et de contrôler la dépense. Colbert fit plus; il créa la richesse en développant l'industrie qui était alors presque nulle dans notre pays.

Au temps de Colbert, il n'était pas permis au premier venu d'ouvrir boutique et de pratiquer le métier pour lequel il se sentait des aptitudes. Il fallait d'abord faire partie d'une des *corporations* qui accaparaient le travail. On commençait par être *apprenti*, puis *compagnon*, enfin *maître*; mais bien peu pouvaient se flatter d'arriver jusqu'à la maîtrise; la plupart restaient en route et demeuraient compagnons toute leur vie. Le nombre des maîtres était restreint, il fallait qu'une vacance se produisît pour permettre à un compagnon de devenir patron à son tour. En augmentant le nombre des maîtrises, on craignait de diminuer les profits de chacun des maîtres, et de gâter le métier. Des épreuves pénibles et coûteuses s'imposaient à ceux qui aspiraient à la maîtrise. On leur donnait à faire le *chef-d'œuvre*. Ils étaient enfermés pendant plusieurs mois dans une chambre, dont un juré du métier avait la clef, seuls avec leurs outils, sans avoir le droit de demander conseil à personne; et quand le chef-d'œuvre était terminé, c'étaient les maîtres qui le jugeaient. Il fallait beaucoup d'argent pour faire ce chef-d'œuvre, il en fallait encore pour acheter au roi le droit de travailler, pour acheter aux maîtres de la corporation le droit de compter parmi leurs égaux. Le pauvre compagnon, avec ses économies, ne pouvait le plus souvent suffire à toutes ces dépenses; il se rebutait, et c'était d'ordinaire le fils du patron qui succédait à son père. A celui-là on ne demandait pas de chef-d'œuvre; on lui faisait subir pour la forme un examen de capacité, et c'était tout. Il ne payait presque rien à la corporation et au roi. Malheur à l'ouvrier intelligent, mais pauvre, qui refusait de se soumettre à ces formalités, et qui prétendait vendre, sans congé de la corporation, sans lettres-patentes du roi, le produit de son travail. Les procès pleuvaient sur sa tête et la prison l'attendait sûrement. Quand nos souverains, à la suite des guerres d'Italie, avaient amené en France avec eux des artistes italiens, peintres, sculpteurs, architectes, ces nouveaux venus avaient été très mal reçus par les maîtres parisiens. Il avait fallu faire garder leurs ateliers par des soldats, pour leur permettre de travailler tranquillement, et de les empêcher d'être assassinés ou du moins pillés.

Ces petites associations fermées, très jalouses de leur privilège, avaient, au moyen âge, protégé le travail et les travailleurs contre la violence des seigneurs. Au temps de Colbert, elles étaient le principal obstacle au progrès ; elles proscrivaient les inventeurs, dont les innovations les gênaient dans leurs habitudes de routine ; elles chassaient les étrangers. Elles restaient figées dans leurs pratiques du moyen âge, tandis que les nations voisines faisaient mieux que nous, et produisaient à meilleur marché. Les Anglais et les Hollandais surtout nous inondaient de leurs marchandises; ils nous expédiaient « jusqu'à leurs vieux chapeaux, bottes et savates, qu'ils faisaient porter en Picardie et Normandie à pleins vaisseaux, au grand mépris des Français et de la police. »

Colbert essaya bien de s'attaquer à ces corporations et il aurait bien voulu les détruire; mais c'étaient des forteresses si puissantes, que tous ses efforts se seraient brisés contre elles sans résultat. Il le comprit; aussi il se contenta de réviser leurs statuts et de leur imposer de nouvelles règles pour les forcer à faire de bonnes marchandises. Il s'occupa surtout des drapiers et des teinturiers. Pour la fabrication des étoffes, il fixa la dimension des lisières, le nombre des fils de la chaîne, la longueur et la largeur du drap. Il indiqua aux teinturiers de quelles couleurs ils devaient se servir, il les obligea d'ajouter à chaque pièce l'échantillon de toutes les nuances par lesquelles l'étoffe avait passé. Avant de mettre en vente leurs marchandises les fabricants durent les apporter au bureau des visiteurs qui les marquaient du sceau de la ville, afin que le public ne pût pas être trompé. Colbert fut impitoyable pour la fraude et punit avec la dernière rigueur les marchands qui avaient violé ses règlements. La première fois, les marchandises étaient exposées sur un poteau avec un écriteau portant le nom du fabricant; puis elles étaient déchirées ou brûlées; à la seconde contravention, le fabricant était blamé publiquement par l'assemblée des maîtres de sa corporation; la troisième fois il était attaché en personne au poteau, le cou serré par un carcan, et restait là vingt-quatre heures avec les échantillons de ses marchandises. Certes, on ne peut que blâmer des procédés aussi barbares, plus dignes du Japon que de la France, mais il faut rendre à Colbert la justice qui lui est due. Il voulait despotiquement le bien, et c'est grâce à ses règlements si sévères, que la fabrication française a gagné ses qualités de solidité et d'élégance, et mérité la réputation dont elle jouit encore aujourd'hui.

Colbert améliora le travail des métiers; mais il créa la *grande industrie*. Celle-ci avec ses immenses bâtiments, ses usines, le grand nombre des ouvriers qu'elle réclame, ne pouvait s'accommoder du régime étroit de la corporation. Elle ne pouvait non plus s'établir et subsister à côté des métiers sans une protection spéciale, car les jurés des corporations avaient le droit de visiter les fabriques, d'y saisir les marchandises, de les confisquer, d'accabler d'amendes les industriels et de les ruiner. Aux privilèges des métiers Colbert opposa donc les privilèges de ses manufactures : il éleva forteresse contre forteresse. Il couvrit la grande industrie du nom et de l'autorité du roi; il l'affranchit du contrôle jaloux de la petite. En donnant à ses créations le titre de manufactures royales, il les dispensa des visites, des saisies, des amendes, que les métiers ne leur auraient pas épargnées. Elles furent placées sous la surveillance directe d'inspecteurs du gouvernement. L'État avançait des fonds aux industriels, il était juste qu'il en vérifiât l'emploi et la mise en valeur.

Colbert voulait que la France pût se passer de l'Angleterre, de la Hollande et de l'Italie, qui étaient alors les grandes nations industrielles.

Il fallait donc leur emprunter les industries que nous n'avions pas. Il prescrivit à nos ambassadeurs et à nos consuls d'embaucher en les payant très cher les artisans habiles, qui pourraient instruire les nôtres. Il attira un Hollandais Van Robais, qui créa à Abbeville la première grande manufacture de draps. Les maîtres verriers de Venise possédaient seuls le secret du coulage des glaces. La République vénitienne tenait tant à garder ce monopole, qu'elle confisquait les biens de tout artisan qui quittait sa patrie. Colbert réussit cependant à gagner quelques verriers qui fondèrent chez nous la manufacture de Saint-Gobain. Il emprunta encore aux Vénitiens le secret de la fabrication des dentelles, dont les dames et les seigneurs de la cour faisaient grand usage. Aux Anglais il prit l'art de tremper l'acier, aux Hollandais celui de tricoter les bas au métier, aux Suédois celui de fabriquer le goudron. On n'en finirait pas à énumérer toutes les industries dont la France est redevable à Colbert. Beaucoup de ces créations furent artificielles, et, malgré les encouragements du ministre, ne purent prospérer et languirent. Mais un plus grand nombre s'acclimata heureusement dans notre pays et survécut à Colbert. Il en fut de ces fondations comme des plantes que sème un jardinier habile; plusieurs ne sortent pas de terre, pourrissent dans le sol, et n'arrivent pas à floraison; mais il suffit que quelques-unes réussissent et donnent de belles fleurs, pour qu'il se considère comme récompensé de sa peine.

V

SUPPRESSION DES DOUANES INTÉRIEURES. DES ROUTES ET DES CANAUX SONT CONSTRUITS

Voilà les manufactures installées, tout un monde d'ouvriers au travail, les marchandises s'accumulent dans les vastes dépôts. Ces marchandises il faut les faire circuler, il faut les amener du lieu de production aux marchés où les appellent les besoins du consommateur. Mais la circulation n'était pas aisée dans l'ancienne France. Aujourd'hui des douanes séparent l'une de l'autre les diverses nations de l'Europe. Les provinces françaises étaient autrefois entre elles dans une situation semblable. Les marchandises payaient des droits élevés pour passer de Normandie en Bretagne, ou de Champagne en Picardie. Les produits des douanes étaient un des revenus de ces provinces. Aussi tenaient-elles à ne pas s'en dessaisir. Bien plus, chaque ville, située sur un fleuve, réclamait à son tour un droit de passage; des seigneurs particuliers, dont le château com-

Les douanes seigneuriales.

mandait la rivière o la grande route, s'enrichissaient en exigeant un nouvel impôt des marchandises. Il arrivait souvent qu'une province regorgeait de blés qui pourrissaient dans les greniers, tandis que la province voisine souffrait de la famine et que le pain était si cher que les pauvres gens mouraient de faim. Colbert s'efforça de faire tomber ces barrières et de détruire ces douanes qui gênaient la circulation. Il lui fallut traiter avec les villes, avec les provinces, avec les particuliers. Il éprouva bien des refus qui provenaient de l'ignorance, et ne put faire entendre raison à tout le monde. Pourtant, il parvint à persuader un certain nombre de provinces voisines les unes des autres. Elles consentirent à supprimer leurs douanes intérieures et à les reporter aux frontières qui leur étaient communes à toutes. On les appela les *cinq grosses fermes*. Il se forma ainsi une France affranchie et où la circulation était libre, au milieu du reste de la France encore attachée à ses préjugés et à sa routine. Ces dernières barrières, la Révolution seule devait les faire tomber.

Tracer des routes, réparer celles que la négligence de cinquante années avait laissées dans le plus pitoyable état, c'est encore augmenter la circulation en la rendant plus facile. De toutes parts les intendants se mirent à l'œuvre dans les provinces. Par villages entiers les paysans étaient réquisitionnés et embrigadés pour travailler aux chemins, y porter des cailloux, les planter d'arbres. Les routes de France, les plus belles de l'Europe, semblaient, au témoignage d'un contemporain, des mails et des promenades; « la rue d'Enfer était devenue un chemin de paradis. »

La construction de cana x, *les routes qui marchent*, destinés à relier les principaux fleuves du pays, et qui transportent les marchandises à moins de frais et à meilleur marché que les routes de terre, occupèrent aussi vivement l'attention de Colbert. Sur le conseil et d'après les plans de Riquet, dont il devina le génie, il entreprit un grand canal de transnavigation de l'Océan à la Méditerranée par la Garonne et l'Aude, qui éviterait à nos vaisseaux de commerce le détour long et dangereux du détroit de Gibraltar. Cette entreprise, q i avait paru si extraordinaire aux siècles passés, que les princes les plus courageux et les nations, qui ont laissé à la postérité les plus belles marques d'un infatigable travail, avaient été étonnés de la grandeur de l'entreprise et n'en avaient pu concevoir la possibilité, ne fit pas reculer Colbert. Le canal, commencé en 1666, fut achevé et inauguré en 1681.

En même temps que Colbert supprimait les obstacles qui empêchaient la richesse de circuler dans le royaume, il élevait des barrières presque infranchissables entre la France et les nations qui l'entouraient. Il ne voulait pas que les produits fabriqués par les étrangers, pussent faire concurrence sur nos marchés aux marchandises françaises. Il croyait que notre industrie, qui ne venait que de naître, encore inexpérimentée et qui ne savait pas produire à bon compte avait besoin de protection Aussi a-t-on appelé ce système le système *protecteur*. Il consistait à frapper d'impôts très élevés toutes les marchandises semblables aux nôtres qui nous venaient des pays voisins. Le danger de ce système c'est que les étrangers devaient nous rendre la pareille et frapper de droits aussi forts les produits qui leur viendraient de France. Colbert comprenait bien ces inconvénients; aussi dans sa pensée son système ne devait durer que le temps nécessaire à notre apprentissage national. Il disait lui-même que ces moyens de protection n'étaient que des béquilles, bonnes pour un malade, mais que rejetterait la France une fois revenue à la santé; ou comme des lisières qui aident les petits enfants à marcher et les retiennent quand ils sont sur le point de tomber ; une fois grands il marchent seuls et sans entraves : les lisières, loin de les aider, les feraient plutôt trébucher et leur ôteraient confiance dans leurs forces.

VI

COLBERT ENCOURAGE LA NAVIGATION. — CRÉATION D'UNE MARINE COMMERCIALE ET D'UNE FLOTTE DE GUERRE

La France est une nation maritime autant que continentale. Trois mers baignent ses côtes; la Manche qui la sépare de l'Angleterre, l'Océan Atlantique, et la Méditerranée. Les côtes sont creusées d'excellents ports naturels, et habitées par une population nombreuse, brave, et qui ne recule pas devant le péril. Si la France le voulait, elle serait la première nation de l'Europe par sa marine; car sa situation entre l'Océan et la Méditerranée la rend supérieure à l'Angleterre elle-même. Les ministres qui avaient précédé Colbert s'étaient peu souciés d'assurer à la

France de si précieux avantages. Tout le commerce par mer se faisait par les vaisseaux anglais et hollandais; c'est à peine si nos navires, mal gréés et rares osaient se hasarder hors de la vue des côtes, et gagner le large. Les étrangers

Un vaisseau au temps de Louis XIV.

réalisaient à nos dépens d'énormes profits. Ils venaient apporter dans nos ports leurs marchandises. Nous ne pouvions aller chez eux leur porter les nôtres. Colbert encouragea par des récompenses et des primes les armateurs et les constructeurs de vaisseaux. Il améliora nos rades. Il donna à la France une marine commerciale. Pour protéger nos vaisseaux de commerce qui auraient risqué d'être confisqués et pris, il créa une marine militaire, qui devait faire respecter le pavillon français sur toutes les mers du globe. Nous avions de belles armées sur terre, mais nous n'avions pas de marins. Tous les habitants des côtes furent soumis à *l'inscription maritime;* au lieu de faire leur service dans les régiments de l'armée, ils durent passer un certain nombre d'années sur les vaisseaux de l'Etat. Pour commander ces flottes nouvellement créées, Colbert eut la bonne fortune de mettre la main sur le premier homme de mer de son temps, le protestant Duquesne. A son école se formèrent de hardis manœuvriers comme Tourville et d'Estrées, des chefs d'escadre, des corsaires d'une valeur et d'une audace extraordinaire, comme Duguay-Trouin, Forbin et surtout Jean-Bart, qui rendit la Manche intenable pour les Anglais, tant ses vaisseaux agiles et prompts comme des oiseaux de proie, inquiétaient et désolaient leur commerce. Colbert avait trouvé dans nos rades dix-huit mauvais vaisseaux, avariés et incapables de tenir la mer par un gros

TOURVILLE (Anne-Hilarion de Costin, comte de). — L'un des plus célèbres marins du XVIIe siècle, né à Paris, le 24 novembre 1642, d'une ancienne famille de Normandie, mort le 28 mai 1701.

temps ; il en laissa deux cent soixante, montés par plus de cinquante mille marins. Ce fut un beau jour pour la France et pour Colbert que celui où l'on apprit que nos marins venaient de battre sur les côtes de Sicile, en trois batailles, les flottes réunies de la Hollande et de l'Angleterre. Ces victoires nous donnèrent pour quelque temps l'empire des mers. Cet empire nous l'aurions encore, si les rois et les ministres qui succédèrent à Colbert n'avaient détruit par leurs fautes et leurs coupables négligences l'œuvre de ce grand patriote.

La puissance maritime d'un État ne peut se soutenir si cet État ne possède des colonies. Des relations qui se continuent entre les colons et la mère patrie naît le besoin de perpétuels échanges, qui entretiennent la prospérité de la marine marchande. Nos vaisseaux vont chercher dans ces pays lointains, qui sont encore la patrie, les produits que la nature donne à des climats différents du nôtre; et, d'autre part, les Français établis dans ces parages demandent à nos manufactures les marchandises dont l'habitude a entretenu chez eux le besoin, ou celles qu'ils sont assurés de vendre avec de gros bénéfices aux indigènes. Les navires de guerre sont obligés de croiser sans cesse le long de ces côtes et d'apparaître dans leurs ports, afin d'inspirer le respect et la crainte à ces indigènes, de rassurer les colons sur leur sécurité, et de leur montrer que la patrie ne les oublie pas, veille sur eux et protège leur fortune.

Or, au temps de Colbert, l'Espagne, l'Angleterre, la Hollande avaient déjà conquis en Amérique, en Asie, en Océanie, de grandes colonies florissantes. La France seule avait négligé jusque-là cet élément de prospérité. Colbert répara ce lamentable oubli. Deux grands fleuves, larges comme des bras de mer, traversent dans des sens différents l'Amérique du Nord; l'un, le Saint-Laurent coule de l'ouest à l'est et arrose le Canada; l'autre, qui coule du nord au sud, féconde une admirable plaine, qui reçut le nom de Louisiane. Quelques tribus d'Indiens Peaux-Rouges y vivaient seules sous leurs tentes de peaux de bêtes, vivant de pêche et de chasse, occupées à poursuivre les immenses troupeaux de bisons et de buffles qui vaguaient dans les savanes herbeuses. Aujourd'hui, c'est-à-dire après deux cents ans, cinquante millions d'hommes, fils d'Européens, habitent ce pays. Des villes énormes se sont bâties à la place des huttes de peaux des sauvages. Ces progrès se sont accomplis sans nous. Ces Européens sont des enfants de l'Angleterre et de l'Allemagne. Il n'a pas tenu à Colbert que ce merveilleux empire ne nous appartînt pour toujours. Grâce à lui, la France le posséda pendant près d'un siècle. Il fit explorer par des voyageurs les fleuves et les lacs, conclut des traités avec les tribus sauvages, fit bâtir des forts dans l'intérieur du pays. Le Canada seul a gardé notre race, notre langue, mais ces enfants séparés de la France sont les sujets de l'Angleterre.

Colbert occupa de même les Antilles, îles situées sous les tropiques, d'une extraordinaire fécondité, qui produisent le café, la canne à sucre, les épices, les bois précieux et dont il ne nous reste que la Martinique et la Guadeloupe. Il établit des Français à la Guyane, des comptoirs sur les côtes du Sénégal, en Afrique. Il avait jeté les yeux sur l'île de Madagascar, pour dominer de là la mer des Indes. Il voulait provoquer vers cette terre l'émigration des Français ; il pensait qu'avec une direction intelligente, nous pourrions faire de Madagascar ce que les Hollandais avaient fait de Java, d'où ils tiraient plus de la moitié de leurs revenus. Il fit publier et répandre dans le public un ouvrage sur cette île, qu'il estime une des plus fertiles du monde entier. Ce petit livre est intéressant à consulter, aujourd'hui que la France songe à faire valoir de nouveau les droits que Colbert nous a laissés. Il a été écrit par l'académicien Charpentier. L'auteur y vante la situation géographique du pays, placé sur la route qui conduit de l'Afrique aux Indes, à proximité du grand continent noir qui fournira nos colons de travailleurs nègres. Pour les habitants, ils ne nous opposeront que peu de résistance. Ils sont fort bonasses. Le climat, naturellement chaud est tempéré par les brises de mer et par l'altitude des plateaux où règne un printemps presque continuel. Les fièvres ne sont à craindre que sur les côtes ; elles cessent dès qu'on s'élève un peu à l'intérieur. Le climat est si salubre qu'on y vit jusqu'à cent et cent vingt ans. On voit que Colbert n'oubliait rien pour séduire les esprits aventureux, en quête de la fortune, et les solliciter à la colonisation. Plusieurs forts furent bâtis en effet sur les rivages de Madagascar; quelques comptoirs s'élevèrent sous la protection de leurs canons; mais après Colbert on ne songea plus à réaliser ses plans de conquêtes et on laissa tomber la plupart de nos établissements. C'est encore Colbert qui appela le premier la colonisation française dans l'Inde, et qui fonda notre station de Pondichéry. Là aussi nous avions précédé les Anglais. Si nous avions eu au siècle suivant des ministres s'inspirant des idées de Colbert, l'Inde serait à nous et non à l'Angleterre.

VII

POLITIQUE COLONIALE DE COLBERT. — SA MORT

Pour exploiter ces colonies lointaines, Colbert, à l'exemple des Hollandais, créa six compagnies, qui furent loin de prospérer to tes; une seule eut une existence glorieuse, la Compagnie des Indes-Orientales. Colbert voulait intéresser tous les Français au succès de ses opérations, qui dans sa pensée, devaient honorer autant q 'enrichir la France. Il fit donc appel au crédit public pour faire les fonds des premières entreprises de la Société. Le roi, la reine, le Dauphin, les princes du sang donnèrent l'exemple de la confiance en souscrivant des sommes considérables. Mais comme, malgré ces amorces, l'argent ne venait pas et que le public n'osait s'abandonner aux risques d'aventures si aléatoires, Colbert usant des procédés les plus despotiques, força les gens de justice, ceux de finance, tous ceux qui dépendaient de l'État, à concourir pour une part de leur fortune à son œuvre et menaça les récalcitrants et les timides de la défaveur du monarque.

On pourrait croire que le roi Louis XIV, reconnaissant les services que lui rendait son ministre, l'aimait et le protégeait contre ses ennemis. Il n'en est rien. Il avait fini par le prendre en haine et par l'abreuver de dégoûts. Les moindres réformes, il fallait que Colbert les emportât de haute lutte, qu'il combattît les résistances et les préventions du roi contre ses projets les plus grandioses. Comprend-on aujourd'hui que Louis XIV ne voyait pas la nécessité d'une marine puissante, et qu'il ne fût point sensible aux grandes victoires de Duquesne dans la Méditerranée, tandis qu'il faisait sonner haut le moindre engagement de cavalerie avec des fourrageurs ennemis. Son esprit était complètement dominé par son ministre de la guerre, Louvois, qui enviait la faveur de Colbert et qui mit tout en jeu pour le renverser. Colbert prêchait toujours à son maître l'économie, les entreprises productives, les grands travaux d'utilité publique, qui augmentent la richesse d'un pays et rendent

LOUVOIS (Marquis de), né à Paris le 18 janvier 1639, mort à Versailles, le 16 juillet 1691, au moment où le roi allait le mettre en disgrâce.

Louvois a rendu de grands services en organisant l'armée, mais l'histoire lui reproche ses cruautés, et surtout la persécution des protestants (les Dragonnades, 1681).

les sujets plus heureux. Louvois, qui connaissait mieux le caractère glorieux et vaniteux du prince, le poussait aux aventures guerrières, l'excitait à braver les rois ses voisins, lui vantait la gloire de combattre seul contre toute l'Europe. Il l'encourageait aussi à jeter des millions, pour se bâtir des palais inutiles. C'est ainsi que Louis XIV enfouit près d'un milliard à Versailles.

Colbert, à bout de patience et de force, sentait que le moment de sa disgrâce approchait. La mort l'enleva avant que cette grande injustice fût commise. Ses derniers jours furent remplis d'amertume. Il sentait bien que tous les projets qu'il avait conçus pour la grandeur de la France, il allait les emporter avec lui dans la tombe. Sur le point de quitter la vie, il ne ménageait plus le prince orgueilleux et infatué de lui-même qu'il avait servi avec tant de passion et de dévouement. « Si j'avais fait pour Dieu, disait-il, ce que j'ai fait pour cet homme-là, je serais sauvé dix fois, et je ne sais ce que je vais devenir. » Le roi daigna envoyer chez lui un de ses gentilshommes pour prendre de ses nouvelles ; Colbert refusa de recevoir ce tardif messager : « Je ne veux plus entendre parler du roi, s'écria-t-il, qu'au moins à présent il me laisse tranquille ! » C'est dans ces sentiments qu'il mourut.

Il est triste à dire que le peuple fut aussi ingrat que le prince pour la mémoire de ce grand homme. Le peuple était ignorant, il souffrait cruellement du poids des impôts, et il faisait remonter sa colère jusqu'au ministre des finances, qu'il croyait tout-puissant, et qui était réduit à disputer les millions du trésor à l'avide prodigalité du roi. On eut beaucoup de peine à protéger ce bienfaiteur de la France contre la fureur des Parisiens, qui voulaient déchirer en pièces son cadavre. On n'osa l'enterrer que de nuit ; tous les archers de la ville furent sur pied et sous les armes pour garantir son convoi contre les insultes de la populace. Il est vrai que la postérité l'a bien vengé de ces outrages et que parmi les noms des hommes qui ont honoré leur pays, il en est peu d'aussi glorieux que Colbert.

VIII

RÉVOCATION DE L'ÉDIT DE NANTES

Son œuvre ne lui survécut pas. Il fallait une volonté aussi énergique que la sienne pour tenir la main à l'observation de tous les règlements qu'il avait établis, une puissance de travail aussi prodigieuse pour suffire à la fois aux écrasantes charges qu'il avait supportées. Le roi, ébloui par des succès qu'il attribuait à son propre génie, et cessant désormais d'être retenu par la fermeté et le bon sens de Colbert, s'abandonna sans frein aux excès de son aveugle présomption. Une faute fut commise qui pèsera toujours sur sa mémoire, dont la France a été durement châtiée, qu'elle expie encore aujourd'hui. A peine Colbert avait-il fermé les yeux, que l'édit de Nantes, donné par Henri IV aux protestants, et qui leur assurait la liberté de culte dans l'Etat, fut révoqué. Ce jour-là, Louis XIV signa la ruine de la France. Il se croyait un apôtre, il ambitionnait la gloire de Constantin et de Théodose, ces empereurs romains qui avaient exterminé les hérétiques. Il voulait une seule foi dans le royaume, et il se persuada qu'il suffisait qu'il le voulût pour que sa volonté s'accomplît. Mais la conscience humaine, et c'est là sa grandeur, ne se plie pas ainsi aux caprices d'un monarque tout-puissant. Les protestants étaient riches; ils avaient secondé les projets de Colbert; ils s'étaient jetés presque tous dans les entreprises commerciales et industrielles. La plupart de nos manufactures prospéraient entre leurs mains. Cependant ils n'hésitèrent pas. Pendant que dans son palais de Versailles, Louis XIV s'enivrait des éloges et des flatteries de ses courtisans, qui vantaient la révocation de l'édit de Nantes, comme le plus grand acte de son règne, pendant qu'il respirait avec délices l'encens grossier qu'on brûlait devant lui, un million d'hommes nus, proscrits, errants, fuyaient la France, préférant à la honte d'abjurer la religion de leurs pères, les tristesses de l'exil et les amertumes de la pauvreté. Lyon perdit ainsi vingt mille personnes, patrons et ouvriers, Saint-Etienne, seize mille ; la Normandie, la plus riche province du royaume, vit s'échapper de ses manufactures cent quatre-vingt-dix mille protestants. Le Poitou devint un désert qui depuis lors s'est à peine repeuplé.

Tous ces proscrits portèrent à l'étranger la haine de Louis XIV et de la France; Ils allèrent en Angleterre, en Hollande, en Allemagne. Six mille émigrés français formèrent l armée de volontaires, avec lesquels, l'ennemi de Louis XIV, Guillaume d'Orange, conquit l'Angleterre sur notre allié, le catholique Jacques II. La France les trouva debout, acharnés à leur vengeance, sur tous les champs de bataille, jusqu'à la fin de ce long règne. La guerre civile fut allumée à demeure dans nos montagnes des Cévennes; il fallut plusie rs armées et un maréchal de France pour venir à bout de cette insurrection, qui paralysait la défense de nos frontières. Ce fut surtout la Pr sse, ou plutôt le Brandebourg, comme on disait encore, qui profita de cette émigration. Le Brandebourg n'était alors qu'une vaste sablonnière infertile, ruinée et dépeuplée par la guerre de Trente ans, au milieu de laquelle s'élevait Berlin,

DRAGONNADES.
Persécutions exercées contre les protestants sous Louis XIV et dans lesquelles les dragons déployèrent une cruauté excessive.

petite ville sans richesses et sans avenir. Le grand-électeur, Frédéric-Guillaume, souverain de ce triste pays, saisit avec empressement l'occasion inespérée que lui offraient les fautes de

Louis XIV. Il fit répandre à profusion parmi les protestants français des circulaires, où il vantait les avantages que présentaient aux proscrits les sables du Brandebourg, la protection dont ils les couvrirait, les encouragements dont il aiderait leurs efforts. Sa voix fut entend e, et il faut dire que ses promesses ne furent pas vaines. Plus de vingt mille protestants répondirent à son appel. La Prusse fut régénérée et transformée par les Français. Ce que l'Allemagne a de meilleur lui est venu de là. Berlin, jadis un pauvre et sale village, sans industrie et sans confort, devint une véritable capitale. Des agriculteurs de notre pays formèrent autour de la ville des colonies qui fécondèrent les sables de la campagne, tracèrent des canaux, assainirent les marais, firent naître de riches cultures, où n'étaient avant eux que le désert et le silence. De toutes parts s'élevèrent des fabriques, des usines. L'Allemagne fabriqua elle-même des marchandises qu'elle était obligée jusqu'alors de nous acheter. La France fournit encore à la Prusse des généraux, des médecins, des architectes, des jurisconsultes, des peintres, des érudits, bientôt des philosophes et des poètes. Ce pays, un des plus pauvres de l'Europe, devint en peu de temps le plus prospère et le plus intelligent de l'Allemagne. On peut dire que les fautes de Lo is XIV ont fait la Prusse moderne. Le roi demandait un jour à l'ambassadeur du souverain prussien ce que son maître désirait le plus vivement de la France. « Sire, lui répondit l'Allemand sans hésiter, une seconde révocation. »

C'est ainsi que notre industrie, notre commerce, notre richesse nationale émigrèrent en même temps que les malheureuses victimes de l'intolérance du roi. Cette œuvre à laquelle Colbert avait tant travaillé, qu'il avait édifiée avec tant d'énergie et de patience fut r inée pour longtemps et presque sans remède. Il se trouve que les labeurs du grand ministre profitèrent surtout à nos ennemis, que les fruits qu'il avait espérés de ses sueurs, mûrirent pour d'autres que pour nous, et que dix ans après sa mort, la France était obligée d'acheter très cher aux étrangers, les produits mêmes que ces étrangers venaient auparavant chercher chez nous.

TABLE DES MATIÈRES

Saint-Denis. — Imprimerie PICARD-BERNHEIM et Cie. — C.-P.

28

BIBLIOTHÈQUE D'ÉDUCATION RÉCRÉATIVE

VOLUMES IN-18 JÉSUS ILLUSTRÉS

Prix : Broché, **40** centimes. — Imitation toile, **60** centimes

La Fille du chiffonnier, par Mme W. DE CONINCK.
Trois sous neufs, par Mme BLANDY.
Il était une fois, par Mme NELLY LIEUTIER.
Un jour de pluie, suivi de l'Histoire de l'oncle César, par la MÊME
La Journée de Catherine, par la MÊME.
Juliette et Marie; le Petit Homme aux lunettes bleues, par la MÊME.
Vivent les vacances ! par CH. MARCEL.
Ramoneur et Boule de neige, par Mme W. DE CONINCK.
Le petit créole, par la MÊME.
La Conquête d'un grand-papa, par la MÊME.
Aventures d'un petit chien, par la S. M. F.
Le Courrier persan, par ALFRED SÉGUIN.
Claude et sa tante, par Mme W. DE CONINCK.

LES GRANDS FRANÇAIS

BIBLIOTHÈQUE D'ÉDUCATION NATIONALE

VOLUMES IN-18 JÉSUS ILLUSTRÉS

Prix : Broché, **40** centimes. — Imitation toile, **60** centimes

Necker, par BONDOIS, grav. — IP.
Colbert, par GASQUET, grav. — IP.
Crevaux, par G. FRANCK, grav. — IP.
Machault, par BONDOIS, grav. — IP.
Danton, par AULARD, prof. à la Faculté des lettres de Poitiers, grav. — IP.
Jules Favre, par E. BENOIT-LÉVY, avocat à la Cour de Paris, grav. — IP.
Vauban, par BONDOIS, prof. au lycée de Versailles, grav. — IP.
Villars, par le MÊME, grav. — IP.
Henri IV, par A. GASQUET, prof. à la Faculté des lettres de Clermont, grav. — IP.

www.ingramcontent.com/pod-product-compliance
Ingram Content Group UK Ltd.
Pitfield, Milton Keynes, MK11 3LW, UK
UKHW012102240726
13965UKWH00004B/1483

9 782013 033992